नेहरू बाल पुस्तकालय

जैनेन्द्र कुमार
की तीन बाल कहानियां

चित्रांकन
सुरेश लाल

nbt.india
एकः सूते सकलम्
राष्ट्रीय पुस्तक न्यास, भारत
NATIONAL BOOK TRUST, INDIA

लाल सरोवर

कमल के फूलों से भरे इस लाल सरोवर की कथा भाई, प्राचीन है और परंपरा के अनुसार सुनाता हूं।

बहुत पहले यहां से उत्तर-पूरब की तरफ एक नगर बसा हुआ था। उसके बाहर खंडहर की हालत में एक मंदिर था। नगर के लोग उधर तब आते-जाते नहीं थे। वह उजाड़ जगह थी और कहा जाता था कि वहां भूत का वास है। उस मंदिर में जाने कहां से एक सन्यासी जाकर बस गया। वह यहां अकेला रहता था। कभी नगर में आ जाता तो आ जाता, नहीं तो अपने ही स्थान पर भजन-प्रार्थना में लीन रहता था। वहां रहते हुए उसे दस वर्ष हो गए। बहुत समय से वह नगर में भी नहीं गया था। लोग मंदिर पर ही आकर उसे भोजन दे जाते थे। वह कुछ नहीं बोलता था। दिन में वह जंगल और खेतों की तरफ निकल जाता और अचरज से सब कुछ देखा करता था। उसके मन में प्रीति बहुत थी।

एक दिन सवेरे उसके दर्शन के लिए गांव के लोग आए हुए थे। एक बोला, ''महाराज, ईश्वर के जगत में बुराई का फल बुरा और नेकी का फल अच्छा होता है। जो पाप-कर्म करता है, उसकी पीछे बड़ी दुर्गति होती है।'' उन्होंने बताया, ''हमारे नगर के बाहर एक कोढ़िन रहती है। वह पहले वेश्या थी। अब सारे तन-बदन से उसके कोढ़ चू रहा है और वह अपनी मौत के दिन गिन रही है।''

उस वैरागी ने सुनकर कुछ नहीं कहा। जब लोग चले गए तो उसके मन में यह बात घूमती रही कि पाप का फल दुःख और पुण्य का फल सुख होता है। कोढ़िन अब नगर के बाहर अपनी मौत के दिन गिन रही है। वह कल्पना में उस कोढ़िन को देखने लगा। उसको मालूम होता था, 'उस स्त्री की देह से दुर्गंध निकल रही है, तन छीज रहा है और कोई

सेवा के लिए उसके पास नहीं है। फूंस की झोंपड़ी में पड़ी है और चारों तरफ गूदड़ इकट्ठे हो रहे हैं। बास फैली है। कहीं थूक है, कहीं मैल है और वह कोढ़िन अकेले रहते-रहते बड़ी चिड़-चिड़ी हो गई है।'

कल्पना में देर तक वह उस स्त्री को देखता रहा। उसके मन में बड़ा कष्ट हो आया।

रात को वह सोया। तब भी वह स्त्री उसके स्वप्न में दूर नहीं हुई, पर उसको ऐसा मालूम हुआ कि कोई उसे कह दे रहा है कि तू अच्छे फल के लिए अच्छे काम करता है ना! तू स्वार्थी है और कुछ नहीं है।

सवेरे जब वह उठा तो उसे कल की बात याद थी। इसलिए मंदिर से उतरकर नगर की ओर मुंह करके वह चल दिया। उसे ठीक पता नहीं था, पर जैसे पैर अपने आप उठ जाते थे।

उसी नगर में एक आदमी रहता था। उसका नाम था मंगलदास। मंगलदास साधु-संतों में भक्ति-भाव रखता था। वह समझता था कि संत लोगों पर ईश्वर की दया रहती है। उनके सत्संग से मुझे भी कुछ लक्ष्मी पाने का सौभाग्य मिल जाए। मंगलदास आदमी समझदार था। विद्वान और हुनरमंद था और इज्जत-आबरू वाला था। वह वैरागी की सेवा में सदा भेंट-उपहार लाया करता था। सोचता था- अब फल मिलेगा, अब फल मिलेगा। वह आज सवेरे जल्दी उठ गया था। रातभर उसके मन में दुविधा थी। मौनी वैरागी पर उसको श्रद्धा थी।

सवेरे ही सवेरे चलकर मंगलदास मंदिर पर आया तो रास्ते में क्या देखता है कि एक-एक कदम पर एक-एक अशर्फी पड़ी है! उसे बड़ा अचम्भा और खुशी हुई। अशर्फी उठाता गया और मंदिर पर आया। पर वहां वैरागी नहीं थे। लौटकर वह उसी रास्ते अशर्फियों के पीछे चला। अशर्फी उठाकर रखता चला जाता था। इतने में क्या देखता है कि एक ग्वाले का लड़का रास्ता काटकर चला जा रहा है और उसने दो अशर्फियां उठा ली हैं। मंगलदास ने बढ़कर उस बालक को पकड़ लिया।

"वह तूने क्यों उठाई है रे?"

ग्वाले ने कहा, "रास्ते में पड़ी थी। मैंने उठा ली।"

मंगलदास ने उसे बहुत धमकाया, "ऐसे क्या किसी की भी चीज उठा लोगे?" फिर

कहा, ''अशर्फियों की बात किसी से कहना मत।''

इस तरह मंगलदास अशर्फियां बीनता-बीनता एक फूंस की नीची-सी मड़िया पर जा पहुंचा। पर वहां उसे बड़ी दुर्गंध आई। उसे पता था कि यहीं वह कोढ़िन वेश्या अपनी आयु के अंतिम दिन गिन रही है।

मंगलदास दूर एक जगह बैठकर अपनी अशर्फियां देखने और गिनने लगा। वह अपने भाग्य पर बड़ा प्रसन्न था। तीन सौ से ऊपर अशर्फियां आज सवेरे कैसे अचानक ही मिल गई। उसे साथ बांधे रखना मुश्किल हो रहा था।

इतने में देखता क्या है कि वेश्या की झोंपड़ी में से वैरागी निकले हैं। उन्होंने झोंपड़ी के चारों तरफ की धरती को साफ किया। मैला उठाकर दूर एक जगह गड्ढा खोदकर उसमें गाड़ दिया। यह सब करके फिर दुबारा वह कुटी के अंदर गए। कुछ देर बाद वैरागी मंदिर की तरफ चल दिए।

मंगलदास क्या देखता है कि जहां वैरागी का पैर पड़ता है वहीं एक अशर्फी हो जाती है। उसका मन खुशी से भर गया। मुंह से उसने सांस भी नहीं निकलने दी। वह जल्दी-जल्दी अशर्फियां बीनता हुआ वैरागी के पीछे-पीछे कुटी तक गया कि वैरागी को पता न चले। यह देखता भी जाता था कि कोई देख तो नहीं रहा है। सब बीन चुका तो लौटकर सीधा अपने घर गया और सब अशर्फियों को अच्छी तरह उसने धरती में गाड़ दिया।

फिर वैरागी के पास मंदिर में आकर उनके चरणों में फल-फूल रखे और कहा, ''महाराज, इन्हें स्वीकार करें।''

वैरागी ने प्रीतिभाव से मंगलदास को देख लिया, पर बोला नहीं।

मंगलदास ने कहा, ''महाराज, मैं अब इस संसार में राग नहीं रखना चाहता हूं। आपको इस निर्जन स्थान में बड़ा कष्ट होता होगा। मैं आपकी सेवा में उपस्थित रहना चाहूं। मंजूर हो तो सेवक यहां शरण में पड़ा रहे।''

वैरागी मंगलदास को देखते रह गए, उनकी समझ में कोई बात नहीं आ रही थी। असल में मंगलदास नहीं चाहता था कि वैरागी के चलने से बनने वाली दौलत किसी ओर के भी हाथ लगे।

उसने कहा, ''महाराज! आपकी सेवा कर पाऊंगा तो मेरा जीवन सफल हो जाएगा।''

वह वैरागी पुरुष इस पर बहुत हंसा और हाथ हिलाकर कहा, "यहां किसी की जरूरत नहीं है।"

मंगलदास ने कहा, "पास ही फूंस की झोंपड़ी डालकर अलग पड़ा रहूंगा। मैं तो अपनी आत्मा की भलाई चाहता हूं। आपकी दया होगी तो जन्म सुधर जाएगा।"

वैरागी जवाब में हंस दिए और कुछ नहीं बोले और मंगलदास ने वहां आकर डेरा डाल लिया। वह बड़ी लगन से वैरागी की सेवा करता और हर घड़ी बिना पलक मारे हाजिरी में खड़ा रहता था।

वैरागी रोज सवेरे उस कोढ़िन के पास जाते। थोड़ी देर रहकर चले आते थे। हर रोज हर कदम पर अशर्फी बनती थी, जिनको मंगलदास होशियारी से बटोर लेता था। बटोरकर घर में दाब आता था।

एक बार की बात है कि चलते-चलते वैरागी को पीछे कुछ झगड़ा होता हुआ मालूम हुआ। उन्होंने लौटकर देखा कि बात क्या है। देखते हैं तो तीन जने आपस में झगड़ रहे हैं।

वैरागी को मुड़ते देखकर झगड़ने वाले तीनों आदमी चुप हो गए। उन्होंने सिर झुका लिया।

वैरागी वहां खड़े देखते रहे। उन्होंने पूछा, "क्या बात है?"

जब तीनों में से कोई कुछ नहीं बोला, तब वैरागी ने मंगलदास को इशारा किया कि इन पीले टुकड़ों को इन दोनों को दे डाले, और कोढ़िन की कुटिया की तरफ बढ़ते चले गए।

मंगलदास ने वैरागी के कहे मुताबिक उन अशर्फियों को उठाया और दोनों में बांट दिया।

जब वापिस चलने का समय आया तो मंगलदास आकर वैरागी के चरणों में गिर पड़ा–"महाराज! आपको पैदल चलने का कष्ट नहीं होने दूंगा। अपने कंधों पर बिठाकर महाराज को मैं ले चलूंगा, तो मेरा मन इससे पवित्र होगा।"

वैरागी हंसते रह गए।

असल में मंगलदास यह नहीं चाहता था कि अशर्फियां बनें तो किसी और को भी मिल जाएं। उसने आग्रहपूर्वक वैरागी को कंधों पर बैठाया और दूसरे लोगों को विजय के भाव से देखते हुए उन्हें मंदिर तक ले आया।

लोगों को यह बड़ा बुरा लगा। लेकिन वे क्या कर सकते थे। वे सभी अशर्फियां चाहते थे, पर कोई यह नहीं चाहता था कि वैरागी को यह बात मालूम हो। क्योंकि ऐसा होने पर अशर्फियां किसी के हाथ नहीं लगेंगी और वैरागी मूर्ख अनजान है, तभी तो यह आदमी इतना सूखा, दीन और वैरागी बनकर रहता है।

अशर्फी की बात नगर भर में फैल गई थी। मंगलदास को बड़ी कसक रहने लगी। वह वैरागी को कंधों पर ही ले जाया करता था। उसके मन में तरह-तरह के विचार होते। कई हजार अशर्फियां उसके पास हो गई थीं, लेकिन उनका बढ़ना रुक गया था। इससे उसके मन को बहुत क्लेश था। उसने सोचा, 'वैरागी को यहां से कहीं और ले चलूं। जहां अशर्फी की बात किसी को मालूम न हो। कोढ़िन को छोड़कर क्या वैरागी कहीं जाने को राजी होगा?'

मंगलदास ने नगरवासियों की एक रोज वैरागी से बहुत बुराई की–"यह नगर संतों के योग्य बिल्कुल नहीं है, महाराज! अब आप किसी दूसरे देश चलिए। आपका यह सेवक साथ है।"

वैरागी सुनकर हंसता रहा। वह बोलता नहीं था।

मंगलदास खुलकर कुछ कह नहीं सकता था। उसे यह डर रहता था कि कहीं अपनी मर्जी से पैदल चलने की हठ वैरागी न कर बैठे। ऐसे भेद खुल जाएगा। इससे वह कभी बात बढ़ाता नहीं था।

आखिर सोचते-सोचते मंगलदास को एक बात सूझी। सोचा कि कोढ़िन अपना कोढ़ लिए क्यों जिए जा रही है? मंदिर से उसकी झोंपड़ी तक लोगों की आंखें बराबर लगी रहती हैं। वैरागी को यहां से वहां तक रोज-रोज कंधे पर ले जाने से मेरा बदन भी दुखने लगा है और अशर्फियां भी नहीं मिलती हैं। इससे क्या फायदा है?

कोढ़िन असल में मरना ही चाहती थी। उसे अपने पापों का ख्याल था और जानती थी कि यह उसकी सजा है। वह सबको फूहड़ गालियां दिया करती थी और दिन भर बकती रहती थी। वैरागी ने हर तरह की गालियां खाकर, बिना कुछ बोले वह उसकी कुटिया की सफाई कर देता था, उसका थूक-मैल उठा देता था, और उसके गंदे कपड़े धो देता था। यह देखकर कोढ़िन को कुछ ठीक तरह समझ में नहीं आया। इस भले मानस को दुःख

उठाना पड़ रहा है। वह हर घड़ी ईश्वर से अपनी मौत की याचना करती थी। इस वैरागी की सेवा उससे नहीं सही जाती थी और वह मन ही मन अपने को बहुत धिक्कारती थी।

मंगलदास ने सोचा कि जब तक वह कोढ़िन यहां है, वैरागी इस नगर से टलने का नाम नहीं लेता दीखता है। इसलिए इसको खत्म करना चाहिए।

यह सोचकर मंगलदास ने सोती हुई कोढ़िन का गला दबाकर उसे दुःख-संताप से छुड़ा दिया।

अगले रोज मंगलदास के कंधे पर बैठकर वैरागी बाबा कोढ़िन की कुटिया पर गए और देखा कि वह मर गई है। तब उन्होंने मंगल को

कहा, "कपड़े-लत्ते जमा करके जला दो। इस फूंस की कुटिया को भी जला दो और इस कोढ़िन के शरीर के क्रिया-कर्म का बंदोबस्त करो।"

मंगलदास को यह बहुत बुरा मालूम हुआ। लेकिन वह क्या कर सकता था। आखिर उसने खर्च का बहाना किया। कहा, "महाराज, मैं तो इधर आपके पास रहता हूं, और कमाने की ओर से मैंने मुंह मोड़ लिया है। देखिए नगर में जाकर किसी से कहूंगा?"

वैरागी सुनकर हंस दिया और नगर की तरफ चल दिया।

मंगलदास बड़ा खुश हुआ। इस समय नगरवासी तथा और कोई पास नहीं था और वैरागी के हर कदम पर जो अशर्फी बनती बस वही उठाता और बटोरता जाता था।

मंदिर पर आकर मंगलदास ने कहा, "महाराज, अब यहां से कहीं ओर चलना चाहिए। यह नगर आपके योग्य नहीं रहा है।"

मंगलदास सोचता था–'यहीं रहकर मैं जायदाद बनवाऊंगा तो सब लोग ईर्ष्या करेंगे। कहेंगे कि वह रुपया इसने कहां से पाया? इस वैरागी को अगर भेद मालूम हो जाएगा। तब मेरे पास कुछ नहीं रह पाएगा।' इसीलिए वह सोचता था–"यहां से दूसरी जगह मैं बड़ी हवेली बनवा लूंगा और एक कोठरी में वैरागी को जगह दे दूंगा।" वहां श्रद्धालु जन आया करेंगे और भेंट-पूजा भी चढ़ावेंगे। वैरागी से मुझको खूब आमदनी हुआ करेगी।

मंगलदास के घर में पत्नी थी और माता थी। उसने रुपये की बात अपनी मां को नहीं बतलाई थी। बस पत्नी को बतलाई थी। नगरवालों ने देखा कि मंगलदास वैरागी से किसी दूसरे को नहीं मिलने देता है तो उसके दुश्मन हो गए। उनकी कोशिश रहने लगी कि इनके घर में फूट पड़ जाए।

ऐसी सस्ती आमदनी की वजह से मंगलदास पहले से कंजूस हो गया था। वह माता की बेकदरी करता था। काम तो उसे खूब करना होता था, पर खाने को रूखा-सूखा ही मिलता था। नगरवालों ने मंगलदास की मां से कहा, "तुम्हारे बेटे को इस वक्त खूब मुफ्त की दौलत मिल रही है। तुम्हारे वारे-न्यारे हैं।"

मां ने समझा–लोग हमारी गरीबी की हंसी उड़ाते हैं। उसने कहा, "भैया गरीबी के दिन जैसे-तैसे हम लोग काटते हैं। हमारे पास धन कहां है। गरीब की हंसी नहीं करनी चाहिए।"

मंगलदास ने कहा, ''मैं ईश्वर की आज्ञा का पालन कर रहा हूं। तुम्हारी मुझको बिल्कुल चिंता नहीं है। तुम्हारे जैसे बहुतेरे ढोंगी फिरते हैं। ईश्वर की मुझे आज्ञा है कि मैं तुम पर दया दिखाऊं। मैं उस आज्ञा को टाल नहीं सकता। मैं तुम्हें छोड़कर जाने वाला नहीं हूं। सुनते हो वैरागी, अगर तुम ठीक से रहना चाहते हो, मुझसे अनुमति लिए और बिना मुझे साथ लिए कहीं मत जाना! नहीं तो तुम मेरी शक्ति को जानते हो। यहां गांव-वालों को इशारा-भर करने की जरूरत है। तुम्हारा फिर कहीं तक पता नहीं मिलेगा।''

वैरागी ने समझा कि मंगलदास ईश्वर की प्रार्थना का पालन करना चाहता है। यह सोचकर वैरागी वहां रहने लग गया और मंगलदास उनकी सेवादारी करने लगा!

मंगलदास ने गांव के एक जवान लड़के को अकेले में अपने पास बुलाकर कहा, ''देखो वह हमारा चेला हो गया है। बड़ी भक्ति-श्रद्धा रखता है। हमने उनको वरदान दिया है कि शुद्ध प्रयोजन से कहीं जाएगा तो, हर एक कदम रखने पर एक-एक अशर्फी बन जाएगी। देखा तुमने भक्ति की शक्ति! यह तपस्या का प्रताप है! अब तुम एक काम करो। कोशिश यह करना कि उसको या किसी ओर को पता न चले। यदि उसको पता चलेगा तो उसमें अहंकार का उदय हो सकता है। अहंकार से फिर साधना नष्ट हो जाती है। शिष्य का भला इसमें ही है कि उसको अपनी सफलता का पता न चले!''

गांव का वह जवान, जिसका नाम सुमेर था, सुनकर बहुत प्रभावित हुआ और बड़ा खुश हुआ। वह वैरागी के साथ रहता और रास्ते में जो मोहरें बनतीं सब उठा लेता। पहले रोज उसने सब मोहरें अपने गुरु जी को दे दीं। लेकिन एक बचाकर रख ली। सोचा, 'अपने घर में मां को दिखाऊंगा और देखकर वह अचरज में आंख फाड़ती रह जाएगी। तब मुझे कितनी खुशी होगी। वह पूछेगी, कहां से आई?''

'मैं कुछ उत्तर न दूंगा।''

आखिर सोचेगी कि मैं कहीं से चुराकर तो नहीं ले आया? लेकिन तब भी मैं उत्तर नहीं दूंगा। वह भला क्या जान सकती है। मुझे साक्षात् देवतास्वरूप गुरु मिल गए हैं। तब भला सोने की मोहरों की क्या बात है।

धीरे-धीरे सुमेर ने देखा कि गुरु जी पूरा-पूरा हिसाब लेते हैं कि बताओ चेला

कितनी दूर गया था, वह जगह कितने गज है, उसमें कितने कदम होंगे, इत्यादि। सोने की मोहर का महत्व कुछ बढ़ने लगा। उसने कुछ मोहरें अपने पास रखनी शुरू कर दीं। उन्हें जाकर चुपके से एक घड़े के अंदर छिपा देता था और किसी से नहीं कहता था।

एक रोज की बात है कि उसकी पत्नी को घड़े में से मोहरें मिलीं! यह देखकर खुशी के साथ उसे गुस्सा भी आया और उसने शाम को पति के आने पर खूब झगड़ा मचाया। कहने लगी, "तुम यों तो पैसे-पैसे के लिए झूठ बोलते हो, मेरा हाथ तंग रहता है, कमाई में कुछ नहीं मिलता है, तरह-तरह के बहाने बनाते हो और यहां घर में मोहरें छिपा रखीं हैं।"

बात अड़ोस-पड़ोस वालों ने भी सुनी। अशर्फी का नाम सुनकर लोग बड़े उत्सुक हुए और जब सुमेर ने कुछ नहीं बताया तो चोर समझकर मारने-पीटने लगे। और उसने कहा, "मैं चोर नहीं हूं। साधुजी ने मुझको ये मोहरें दी हैं।"

गांव के लोगों में मंगलदास का प्रताप और चढ़-बढ़ गया। वह बहुत सादे ढंग से रहता था। इतना धनी होकर भी सादगी से रहना कम बात नहीं है। सच्चे त्यागी पुरुष ही ऐसे रहा करते हैं। गांव वालों की भक्ति संत मंगलदास में और गहरी हो गई।

उधर वह वैरागी जंगल से लकड़ी चुनकर लाता। कंडे बीनता और उनसे भोजन बनाता और साधु (मंगलदास) की हर तरह की टहल-चाकरी करता।

धीरे-धीरे उसको अचरज होता था कि मेरे साथ साधु जी का आदमी क्यों चलता है? कहीं मेरे काम में कुछ कमी रहती होगी? भेद खुलने पर सुमेर के लिए चुप रहना अब संभव नहीं था।

गुरुजी में उसकी श्रद्धा अब कम हो गई थी। बचपन के साथी चंदन से उसने सच्ची-सच्ची बात कही, तब चंदन भी उस वैरागी के पीछे सुमेर के साथ रहने लगा। अब वे दोनों जितनी अशर्फियां बनतीं उनमें से नाम के लिए कुछ गुरुजी को दे देते थे, बाकी सब अपने पास रख लेते थे।

सुमेर और चंदन दोनों ही उस वैरागी को बुद्धू मानते थे। लेकिन जब कई दिन हो गए और दोनों ने चुपके-चुपके आधी मोहरें अपने पास जमा कर लीं, तब उनको उस वैरागी पर बड़ी दया आई। एक दिन जंगल में रोककर उन्होंने उस वैरागी से कहा,

"वैरागी, ये लो मोहरें। ये तुम्हारी हैं!"

वैरागी सुनकर सन्न खड़ा रह गया, जैसे कि उस पर बिजली गिरी हो। उसने कहा, "बाबा, मेरा सोने से क्या काम है?"

चंदन ने कहा, "वैरागी, हम सब कहते हैं। ये हमारी अशर्फियां नहीं हैं, तुम्हारी हैं।"

वैरागी ने कहा, "बाबा, वैरागी से ऐसी हंसी नहीं करनी चाहिए। सोने से मन पर मैल चढ़ता है।"

चंदन ने कहा, 'वैरागी, तुम हमें रोज ही तो देखते होगे, हम तुम्हारे पीछे-पीछे चलते हैं। बताओ भला क्यों? तुम जहां पैर रखते हो वहीं एक मोहर बन जाती है। हम लालच में तुम्हारे पीछे-पीछे चला करते हैं। हमने बहुत-सी मोहरें जमा कर ली हैं। यह हमने चोरी ही की है। तुम्हारी दीनता देखकर हमको अब शरम आती है। ये लो, हम सच कहते हैं, ये तुम्हारी है। इनको रखो और अपनी हालत सुधारो, संभालो। क्यों इतनी कड़ी मेहनत करते हो और दिन-रात उस साधु की सेवा में रहते हो?"

वैरागी सोने की मोहरों को देखकर हैरत में रह गया था। उसको कुछ जवाब नहीं सूझा।

चंदन ने कहा, "वैरागी, तुम झूठ मानते हो, लेकिन हम सच कहते हैं।"

चंदन ने कहा, "वह आदमी चालाक, ढोंगी है।"

वैरागी ने कहा, "तुम लोगों ने साधु को सोने की अशर्फी के कारण से बांधकर डाल दिया है। उसे अब खोल दो।"

चंदन और सुमेर के साधु से सवाल-जवाब करने को सुनकर वैरागी वहां आया। मंगलदास ने बात का ढंग बदलकर कहा, "वैरागी, ये दोनों लड़के तुम्हारी रोज चोरी किया करते थे। मैं रोज समझाता था कि वैरागी की चीज वैरागी को ही देनी चाहिए। ये बड़े धूर्त्त हैं! तुमको इन्होंने नहीं बतलाया कि तुम्हारी वजह से कितना सोना इन्होंने पा लिया है। लाओ रे लड़को! जितनी अशर्फियां तुम्हारे पास हैं सब यहां रक्खो। नहीं तो चोर कहलाओगे!"

सुमेर तो इस पर लाजवाब-सा रह गया। चंदन ने कहा, "गुरु जी, अपना भला चाहो तो बदजुबानी मत करो। मैं सुमेर नहीं हूं और तुम्हारा गुरुपन भी समझता हूं। इन

बेचारे सीधे वैरागी की बदौलत ही तुम चैन कर रहे हो। मैं अब सब समझ गया हूं। अपनी खैर चाहो तो चुप रहो। अभी गांव वालों को बता दूंगा। तुम्हारी वह दुर्गति होगी कि याद रखोगे!''

वैरागी खड़ा हुआ ईश्वर से प्रार्थना कर रहा था, ''हे भगवान, मुझ पर दया कर, मुझे क्षमा कर!''

मंगलदास उस वक्त तो अपनी फजीहत को पी गया, रात को अकेला रहने पर उसने वैरागी से कहा, ''सब कुकर्म की जड़ तुम हो! बोलो, अब तुम्हारा क्या किया जाए?''

वैरागी ने कहा, ''आप मुझ पर दयाभाव रखते हैं। अब भी दया करो, दोष मेरा है कि अशर्फियां मेरे कारण अब तक बनती रही।''

मंगलदास ने कहा, ''अब तक का क्या मतलब?''

वैरागी, ''अब मेरे चलने पर सोने की अशर्फियां नहीं बनेंगी। अब प्रभु ने मेरी प्रार्थना पर यह अभिशाप दूर कर दिया है।

मंगलदास को बड़ा गुस्सा आ रहा था। उसने हिसाब लगा रखा था कि दो वर्ष के अंदर वह सबसे बड़ा धनी हो जाएगा। लेकिन यहां तो अभी मेरी सोने की खान खत्म हुई जा रही है। उसने गुस्से से कहा, ''वैरागी, तुमको हया-शर्म नहीं है। मैंने कितने दिन तुम्हें साथ रखा। आज तुम मुझे इस तरह धोखा देना चाहते हो, तुम्हारा क्या इरादा है! क्या तुम यहां से चले जाओगे? याद रखो, मैं तुम्हें नहीं जाने दूंगा।''

वैरागी ने कहा, ''अब मुझे क्या करना चाहिए?''

मंगलदास विद्वान पंडित था। उसने कहा, ''प्रार्थना करो कि ईश्वर फिर वैसे ही तुम्हारे हर कदम पर अशर्फी पैदा किया करे। देखो, मैं तुम्हें धर्म बताता हूं। अपने से स्वर्ण पैदा होने दो। उस स्वर्ण से दुनिया के काम होते हैं। तुमको स्वर्ण में लगाव नहीं है, बस इतना काफी है। वैरागी, समझ से काम लो। तुम्हें कुछ नहीं करना है। तुम भक्ति में रहो। बाकी झंझट मैं भुगतता रहूंगा।''

मंगलदास ने बात जारी रक्खी, ''सुना तुमने? अब तुम तय कर लो। तुम ईश्वर के पास जाना चाहते हो न? तो अच्छी बात है। मैं यम देवता से कह दूंगा कि इसको ईश्वर के पास ले जाओ। मेरा कहा करोगे तो तुम भक्ति और सुख पाओगे। तुम्हें कोई कमी न

रहेगी और मुझे मालामाल करने के पुण्य के भी तुम भागी होगे।"

वैरागी सब सुनता रहा और मन में कह रहा था, 'हे भगवान, तुम्हीं हो।'

मंगलदास ने पूछा, "बोलो, क्या कहते हो"

वैरागी मन में कह रहा था, "हे प्रभु, पापी को अपनी दया में ही रखना। क्योंकि वह नहीं जानता है। वह अबोध है।"

वैरागी को चुप देखकर जोर से मंगलदास ने कहा, ''क्यों वैरागी, नहीं सुनते?''

वैरागी अपनी प्रार्थना में लीन था। वह कह रहा था, ''हे प्रभु, इस पर अपनी दया रखना।''

वैरागी को चुप देखकर मंगलदास को क्रोध चढ़ आया। उठकर उसने एक जोर से उसे थप्पड़ जड़ दिया, और लात-घूंसों से भी खूब मारा।

अंत में बोला, ''अब तो समझे, ओ वैरागी!''

पर वैरागी तो अपने मन में कह रहा था, ''प्रभु, सब में तुम्हीं हो, तुम्हीं हो!

मार के कारण वैरागी को चोट तो आई, पर बहुत नहीं आई। इसमें दोष वैरागी का नहीं था। असल में मंगलदास के मन में समझदारी आई। उसने सोचा–'सोने का अंडा देने वाली मुर्गी को मारकर कहानी वाले आदमी ने कुछ नहीं पाया था। इसलिए वैरागी को मारकर खत्म कर दूंगा तो इससे मेरा ही काम बिगड़ेगा। यह मूर्खता तो मुझे नहीं करनी चाहिए।

अगले सवेरे गांव वाले वहां आए। उन्होंने नाराज होना शुरू किया और झोंपड़ी की सब चीजें बिखेर डालीं। बाबा की गद्‌दी के नीचे से कितनी ही अशर्फियां निकलीं। गांव वालों ने अशर्फियों पर हाथ डालने से पहले उस साधु की मरम्मत की।

वह वैरागी अलग खड़ा होकर ऊपर आसमान में निगाह जमाकर कह रहा था, ''हे भगवान्! पापों की जड़ स्वर्ण कहां-कहां से मुझ में आ गया। हे भगवान्, मुझको ऐसा कठिन दण्ड तुमने क्यों दिया?''

मंगलदास को शिक्षा और दण्ड देने के काम में चंदन प्रमुख था। चंदन की सलाह पर गांव वालों ने यह भी तय किया कि जितना सोना गुरु के पास से मिलेगा वह सब बेचारे वैरागी को सौंप दिया जाना चाहिए। जब मंगलदास से निबटकर लोग सम्मानपूर्वक वैरागी को अशर्फियों के ढेर को देने के लिए चले तो क्या देखते हैं कि वहां तो एक भी अशर्फी नहीं है, बल्कि गुलाबी फूलों का एक सरोवर सा लहलहा रहा है। वे गुलाबी फूल हृदय के आकार के हैं, और मानो खिलने की बाट देख रहे हैं।

जब गांव वालों ने यह देखा तो उनको अचरज हुआ और वैरागी में उन्हें सच्ची भक्ति हो गई।

वैरागी ने कहा, 'स्वर्ण के लिए हम सब चालाक और ढोंगी बनने को तैयार हो जाते हैं,

वह स्वर्ण अब यहां कहां है? वह अब किस वजह से ढोंगी बनेगा। यों तो हम में से कौन, समय पर ढोंग और चालाकी नहीं कर जाता है। जाओ, उसको खोल दो।"

वैरागी के कारण अनमने मन से गांव वाले गए और मंगलदास के बंधन खोल दिए।

मंगलदास पर इसका बहुत असर हुआ और वह वैरागी के चरणों में गिरकर माफी मांगने लगा।

फिर गांव वालों ने मिलकर अपनी श्रद्धा की मेहनत से वहां पक्के घाट का तालाब तैयार किया और अनगिनत कमल के फूलों से लाल-लाल वह लाल सरोवर अब भी उस जगह लहरा रहा है।

बापू का हस्तलिखित पत्र

भाई जैनेंद्र कुमार,

जन्म और मरण की जोड़ी चल ही रही है। कभी बंद ही नहीं रही। ऐसी संकल्पना में एसै नाम से बगैर पुनर्जन्म के मनुष्य कैसे निकल सकता है। इस शरीर में भी शरीर का अंश का प्रतीक्ष मृत्यु होता है और उसकी जगह में नए अंश आते रहते हैं। वैसे ही शरीर के सर्वनाश के बाद में भी ओर होना चाहिए।

"दो चिड़ियां" की प्रथम कहानी तो पढ़ ली। आगे बढ़ ही नहीं सका हूं। इच्छा तो है ही। मुझको भाषा अच्छी लगी। तुम्हारी छोटी-मोटी बात अवश्य लिखें।

हर ध्यान सींग जी वहां से एजंट होंगे। उनसे मिलो ओर कुछ न कुछ कर सके एक कोई देहात, इससे बहेतर यह है कि दिल्ही की हरिजन बस्ती, पसंद कर लो और वहां की गली पखाना वगैरह स्वच्छ करो और कराओ। शुद्ध चावल आटा वगैरह का प्रचार करे। अपने जीवन के लिए तो फेरफार कर लिया होगा।

बापू के

तारीखः 17/2/35 आशीर्वाद

देर का आराम भी उसे नहीं चाहिए था। कभी पर हिलाती थी, कभी फुदकती थी। वह खूब-खुश मालूम होती थी। अपनी नन्हीं-सी चोंच से प्यारी-प्यारी आवाज निकाल रही थी।

माधवदास को वह चिड़िया बड़ी मनभावनी लगी। उसकी आजादी बड़ी प्यारी जान पड़ती थी। कुछ देर तक वह उस चिड़िया का इस डाल से उस डाल थिरकना देखते रहे। इस समय वह अपना बहुत-कुछ भूल गए। उन्होंने उस चिड़िया से कहा–"आओ, तुम बड़ी अच्छी आईं। यह बगीचा तुम लोगों के बिना सूना लगता है। सुना चिड़िया, तुम बड़ी अच्छी आईं। यह बगीचा मैंने तुम्हारे लिए ही बनवाया है। तुम बेखटके यहां आया करो।"

चिड़िया पहले तो असावधान रही। फिर यह जानकर कि बात उससे की जा रही है, वह एकाएक तो घबराई। फिर बोली–"मुझको मालूम नहीं था कि यह बगीचा आपका है। मैं अभी चली जाती हूं। पलभर सांस लेने मैं यहां टिक गई थी।"

माधवदास ने कहा–"हां बगीचा तो मेरा है। यह संगमरमर की कोठी भी मेरी है। लेकिन इस सबको तुम अपना भी समझ सकती हो। सब कुछ तुम्हारा है। तुम कैसी भोली हो, कैसी प्यारी हो। जाओ नहीं, बैठो। मेरा मन तुमसे बहुत खुश होता है।"

चिड़िया बहुत-कुछ सकुचा गई। उसे लगा कि यह उससे गलती तो नहीं हुई कि वह यहां बैठ गई है। उसका थिरकना रुक गया। भयभीत-सी वह बोली–"मैं थककर यहां बैठ गई थी। मैं अभी चली जाऊंगी। बगीचा आपका है। मुझे माफ करें।"

माधवदास ने कहा–"मेरी भोली चिड़िया, तुम्हें देखकर मेरा मन खुश हुआ है। मेरा महल भी सूना है। वहां कोई भी चहचहाता नहीं है। तुम्हें देखकर मेरी रानियों का जी बहलेगा। तुम कैसी प्यारी हो, यहां ही तुम क्यों न रहो?"

चिड़िया बोली–"मैं मां के पास जा रही हूं। सूरज की धूप खाने और हवा से खेलने और फूलों से बात करने जरा मैं घर से उड़ आई थी। अब सांझ हो गई है और मां के पास जा रही हूं। अभी-अभी मैं चली जा रही हूं। आप सोच न करें।"

माधवदास ने कहा–"प्यारी चिड़िया, पगली मत बनो। देखो तुम्हारे चारों तरफ कैसी बहार है। देखो, वह पानी खेल रहा है, उधर गुलाब हंस रहा है। भीतर महल में चलो, जाने क्या-क्या न पाओगी। मेरा दिल वीरान है। वहां कब हंसी सुनने को मिलती है। मेरे पास बहुत-सा सोना-मोती है। सोने का एक बहुत सुंदर घर मैं तुम्हें बना दूंगा।

करते-करते दो-तीन चपत कनपटी पर रख दिए, फिर बिगड़ते हुए कहा, "निकल जाओ, मेरे क्लास से।"

रमेश क्लास से निकलकर चला। घर पर आया तो मां ने पूछा, "क्या है?"

रमेश चुप।

"क्या है? ले, ये संतरे, लुकाट तेरे लिए रखे हैं।"

रमेश-गुम-सुम बैठा रहा और कुछ नहीं छुआ।

मां ने हंसकर कहा, "आज के पैसे का ऐसा क्या खाया था जो भूख नहीं लगी? और हां, क्या आज स्कूल इतनी जल्दी हो गया?"

जवाब में रमेश ने सवेरे मिला पैसा अपनी जेब से निकाला और तख्त पर रख दिया, बोला-चाला नहीं।

मां ने पूछा, "क्यों रे, क्या हुआ है जो ऐसा हो रहा है?"

रमेश नहीं बोला और बीच बात में उठकर दूसरे कमरे में खाट पर पैर रखकर अंगुली के नाखूनों को मुंह में कुतरता हुआ बैठा रह गया।

मां फल की तश्तरी लेकर आई। कहा, "बात क्या है? मास्टर ने मारा है?"

प्यार से रखे मां के हाथों को रमेश ने अपने कंधे पर से अलग झटक दिया और जाने क्या बुदबुदाता रहा।

“हां, तेरा है। मैं कोई खा जाऊंगी!”

मां का ख्याल था कि रुपया बेकार में डाल आएगा। रुपया पाने पर वह बेहद खुश थी। इस रुपए में अपनी तरफ से कुछ और मिलाकर सोचती थी कि रमेश के लिए कोई बढ़िया ईनाम की चीज मंगा दूंगी। ऐसे उसके हाथ से रुपया नाहक बरबाद जाएगा। पर रमेश के मन में से अभी वह जुलूस मिटा नहीं था। सोचता था कि मैं यह लाऊंगा, वह लाऊंगा। और मिठाई की गोलियां लाकर एक-एक को बहुत खिलाऊंगा। पर यह क्या कि उसकी मां अन्याय से रुपया ही छीन लेना चाहती है। उसको बुरा लगा। उसने कहा, “रुपया मेरा है। मुझे मिला है।”

मां ने कहा, ''बड़ा मिला है तुझको। कमाए तब मेरा-तेरा करना, चुप रह।''

रमेश का दिल यह अन्याय स्वीकार नहीं कर सका। उसने कहा, ''रुपया तुम नहीं दोगी?''

मां ने कहा, ''नहीं दूंगी।''

रमेश ने फिर कहा, ''नहीं दोगी?''

मां ने कहा, ''बड़ा आया लेने वाला। चुप रह।''

नतीजा यह कि रमेश ने हाथ पकड़ के रुपया लेने की कोशिश की। मां ने हंसकर मुट्ठी कस ली। कहा, अलग बैठ।''

पर रमेश अलग न बैठकर मुट्ठी पर जूझता रहा। मां पहले तो टालती रही। फिर बालक की बदमाशी पर उन्हें गुस्सा आने लगा। और जब जोर लगाते-लगाते अचानक रमेश ने उनकी मुट्ठी पर दांत से काट खाया तो मां ने एकाएक ऐसे जोर से कनपटी पर चपत दी कि बालक सिटपिटा गया। हाथ उससे छूट गया और क्षणिक सहमा हुआ वह मां की ओर देखता रह गया। मानो पूछता हूं कि क्या यह सच है? जवाब में उसने मां की आंखों में चिनगारी देखी। मां के मन में था कि यह लड़का है कि राक्षस? बदमाश काटता है!

मां की तरफ कुछ मिनट इस तरह देखकर वह अपनी कनपटी को मलता हुआ गुम-सुम वहां से चल दिया, रोया नहीं। कुछ दूर निकलने पर मां ने रुपया उसकी तरफ फेंक दिया। रमेश ने उस तरफ देखा भी नहीं और चलता गया।

रमेश के पिता साढ़े पांच बजे दफ्तर का काम निबटाकर घर लौटे। साइकिल आज नहीं थी, इससे सड़क छोड़कर घास के मैदान में रास्ता काटकर चले। रास्ते में क्या देखते हैं कि एक दस-ग्यारह बरस की लड़की, भय भीतर इधर-उधर रास्ते पर आंख डालती हुई चली आ रही है। सलवार पहिने है और कमीज, और ऊपर सर से होती हुई एक ओढ़नी है। लड़की मुसलमान है और उसके एक हाथ में छोटी-सी पोटली है। पैर जल्दी-जल्दी रख रही है और इधर-उधर चारों तरफ निगाह फेंकती हुई बढ़ रही है। चेहरे पर हवाइयां हैं और आंख में आंसू आ रहे हैं। सांस भरी-सी लेती है और कुछ मुंह में बुदबुदाती है। रमेश के बाबूजी ने पूछा, ''क्या है बेटी?''

लड़की पहले सहमी-सी देखती रही। फिर रोने लगी। ''हाय रे, मैं क्या करूं? अम्मा मुझे बहुत मारेगी। अम्मा मुझे बहुत मारेगी। हाय रे, मैं क्या करूं?''

बाबूजी ने पूछा, ''बात क्या है बेटी।''

लड़की बोली, ''एक रुपया और एक इकन्नी थी। कहीं रास्ते में गिर गए।''

''कहां गिर गई? और कब?''

लड़की ने कहा, "मैं जा रही थी। यहीं कहीं गिर गई। घर के पास पहुंचकर देखा कि गिर गई है। यह अभी हाल ही जा रही थी। अभी-अभी हाल। बहुत देर नहीं हुई। हाय रे? अब मैं क्या करूं? अम्मा मुझे मारेगी। अम्मा मुझे बहुत मारेगी।"

लड़की बहुत डरी हुई थी। इन सत्रह आनो की कीमत इस लड़की या इसकी मां के लिए जरूर कई रुपयों के बराबर थी। क्योंकि लड़की गरीब घर की मालूम होती थी।

बाबूजी ने पूछा, "रुपया कहां गिरा बेटी?"

लड़की ने यहां-वहां और सभी जगह बताया कि गिरा हो सकता है। तब बाबूजी ने कहा कि अब तो रुपया क्या मिलेगा और लड़की को दिलासा देना चाहा। पर लड़की का डर थमता न था। "हाय रे, अम्मा मुझे बहुत मारेगी। हाय री दैया, मैं क्या करूं। अम्मा बहुत मारेगी।"

मालूम होता था कि लड़की को मां का डर तो है ही उसके नीचे यह भी विश्वास है कि रुपया खोना सच ही इतना बड़ा कसूर है कि उस पर लड़की को सजा मिलनी ही चाहिए। इसी से यह डर ऊपर का नहीं था, बल्कि उसके भीतर तक भरा हुआ था। वह फटी आंखों से इधर-उधर देखती थी और कहीं कुछ सफेद मिलता तो लपक कर उसी तरफ झुकती थी। पर हाथ में कभी चीनी का टुकड़ा आ जाता, तो कभी कोई सूखा पत्ता, या कभी सिर्फ चमकदार पथरी।

रमेश के बाबूजी ने काफी समय लगाकर उसे सहायता दी। आखिर रुपए और इकन्नी में से कुछ नहीं मिला तो यह कहते हुए वह विदा होने लगे कि, "बेटा, अब अंधेरा हुआ, कल देखना। किस्मत हुई तो शायद मिल भी जाए।"

लड़की सुनकर इस आखिरी हमदर्द को जाते हुए देखकर आंखें फाड़े खड़ी रही। बाबू जी बेचारे क्या करते? दिल को मजबूत कर घर की तरफ मुंह उठाए हुए चले गए। ख्याल आया कि चलूं, लौटकर एक रुपया उसके हाथ पर रख दूं, और कहूं-"बेटी, इकन्नी तो इसके पास पड़ी हुई मिली नहीं, यह अपना रुपया।" पर इस ख्याल को बराबर ख्याल में ही लिए और दोहराते हुए वह एक-पर एक डग बढ़ाते घर की तरफ चलते चले गए।

घर पहुंचें तो बाहर सड़क पर एक तरफ देखा कि बुद्ध भगवान् की तरह रमेश महाशय बैठे हैं। पिता ने कहा, "अरे रमेश, क्यों क्या बात है, यहां क्यों बैठा है?"

रमेश ने सुनकर मुंह फेर लिया और कोई जवाब नहीं दिया।

पिता ने हाथ के झोले को दिखाकर कहा, "अरे चल, देख तेरे लिए क्या लाया हूं।" रमेश ने न देखा, न सुना। कोई उससे मत बोलो। किसी का उससे कुछ मतलब नहीं है।

नाराजगी में वह भभक रहा था।

रमेश के पिता मुस्कराकर आगे बढ़ गए, और अंदर जाकर देखा कि रमेश की मां भी अनमनी है। बरामदे में देखा कि एक रुपया पड़ा है। उन्होंने उसे उठा लिया और कमरे में चहलकदमी करते हुए कहा, "अरे यह रुपया कैसा बाहर पड़ा था!"

इस रुपये की विस्तार से कहानी जब रमेश की मां से सुनने को मिली तो रमेश के पिता सिर पकड़कर सुन्न रह गए। कुछ देर में सुध हुई तो तेज चाल से उस घास के मैदान में पहुंचे कि हे भगवान, वह लड़की मिल जाए। पर वहां कहीं लड़की न थी। वे पुकारते हुए डोलते फिरे कि, "बीबी, यह रहा तुम्हारा रुपया।" पर लड़की वहां थी नहीं कि सुने।

"हाय रे, अम्मा मुझे बहुत मारेगी। हाय री दैया, मैं क्या करूं। अम्मा बहुत मारेगी।" गरीब लड़की की दुखी आवाज उनके कान में गूंज रही थी।